DEREK PRINCE

VAZGEÇME LÜTFU

I0159845

GDK

GDK YAYIN NO: 177
KİTAP: Vazgeçme Lütfu / *Grace Of Yielding*
YAZAR: Derek Prince
ÇEVİRMEN: Garo Saraf
KAPAK: Keğanuş Özbağ

ISBN: 978-1-78263-460-7
T.C. Kültür ve Turizm Bakanlığı Sertifika No: 16231

© **Gerçeğe Doğru Kitapları**
Davutpaşa Cad. Emintaş
Kazım Dinçol San. Sit. No: 81/87
Topkapı, İstanbul - Türkiye
Tel: (0212) 567 89 92
Fax: (0212) 567 89 93
E-mail: gdksiparis@yahoo.com
www.gercegedogru.net

Baskı: Anadolu Ofset – Tel: (0212) 567 89 93
Davutpaşa Cad. Emintaş Kazım Dinçol San. Sit.
No: 81/87 Topkapı, İstanbul
1. Baskı: Aralık 2012

İÇİNDEKİLER

GİRİŞ

Rab beni *vazgeçme lütfu* konusunda yazmaya yönlendirdi. Öncelikle, Hristiyanlar olarak asla vazgeçmememiz gereken şeyler olduğunu söylemeliyim. Şeytan'a karşı durmaktan asla vazgeçmememiz gerektiğine inanıyorum. Çünkü Kutsal Kitap şöyle diyor: *"İblis'e karşı direnin, sizden kaçacaktır"* (Yakup 4:7). Günaha karşı olmaktan da vazgeçmemeliyiz. Çünkü Romalılar'a mektubun 6. bölümünün 13. ayetinde bedenimizin üyelerini haksızlığa araç ederek günaha sunmamamız gerektiği söyleniyor. Diğer yandan, vazgeçmeyi öğrenmeden hayatımızda çözüme kavuşturamayacağımız şartlar ve durumlar vardır.

Vazgeçmeyi bilmek, kendi hayatımda aradığım ve başkalarının hayatında da saygıyla gözlemlediğim bir olgunluk işaretidir. Geçenlerde Tanrı'nın bolca kutsadığı genç bir vaizi dinliyordum. İyi bir genç adamdı ve Tanrı onun için harika şeyler yaptı. Ama tüm vaazına hakim olan konu kendisinin ne yapabildiğiydi, Tanrı'nın değil. Söylediklerinin hepsi doğruydu ve hepsi iyiydi. Ama oturduğum yerde kendime şöyle dedim: "Kardeşim, konuşmanı bitirmen için sabırsızlanıyorum."

Eninde sonunda Rab'de yapabileceklerimizin sonuna ulaştığımız bir yere varırız. Bunu derken, sadece kendi yeteneğimiz veya eğitimimizle başardığımız şeyleri kastetmiyorum. Bizzat Tanrı tarafından atandığımız hizmetlerde de daha fazlasını yapamayacağımız bir yere gelebiliriz. Birçok insanın sorunu bunu anlayamamaktır.

Bu kitabın ilerleyen sayfalarında Tanrı'nın bana sarf ettiği emeğin sonuçlarını okuyacaksınız ve Tanrı'nın benimle hala ilgilenmeye devam ettiğine de eminim. Önce bazı ayetler vererek ilerleyeceğim. Daha sonra "vazgeçme lütfu" ve bunun Hristiyanca yaşam için önemiyle ilgili bazı örnekler kullanacağım.

BÖLÜM 1

RUHSAL GÜCÜN ÖLÇÜSÜ

Başlığımızla ilgili olarak incelemek istediğim ilk ayet Romalılar 15:1'dir: *"İmanı güçlü olan bizler, kendimizi hoşnut etmeye değil, güçsüzlerin zayıflıklarını yüklenmeye borçluyuz."* Kutsal Kitap'ın ruhuna uygun olan güç göstergesi budur. Ruhsal güç, ne kadar yapabildiğinizle değil, başkalarının zayıflıklarını ne kadar yüklenebildiğinizle ölçülür.

Kendi yeteneğinizde, hizmetinizde ve yaşadıklarınızda güçlü olmak çok tatmin edicidir (her şeye cevabı olan adam olmak). Ama bunlar için ruhsal güce ihtiyacınız yoktur. Diğer yandan, başkalarının zayıflıklarını yüklenmek ruhsal güç gerektirir.

Ruhsal güç Tanrı ve Kutsal Kitap tarafından, başkalarının zayıflıklarını taşıdığımız ve onlara destek olduğumuz ölçüyle değerlendirilir. Bu benim için hiçbir zaman kolay olmadı.

Bu tür bir değerlendirme bu çağın ruhuna taban tabana zıttır. Bu çağın ruhu şöyle der: "Kendin için ne alabiliyorsan al. Bırak zayıflar kendi başlarının çaresine baksınlar."

Geçenlerde, bana göre en korkunç ve şiddetli kötülük olan kürtaj sorunu hakkında derin düşüncelere daldım. Bu konu tartışıldığında, bazı insanlar hemen gayri meşru ya da sorunlu hamilelikleri öne sürerek bazı çocukların doğmamasının daha iyi olduğunu savunurlar. Onlara göre bu çocuklar ana rahminden çıkmadan kazınıp atılmalıdır.

Yüksek mahkemenin ya da başka birinin söylediği herhangi bir şeye bakmaksızın, kendi deneyimlerimden söyleyebileceğim tek şey, Tanrı'nın kürtajı cinayet sınıfına soktuğudur. Yaşadıklarımdan öğrendiğim budur ve aynı zamanda Kutsal Kitap'ta da bu konunun açıkça gözler önüne serildiğine inanıyorum.

Ama şimdi şu konuyu vurgulamak isterim: Neyin doğru olduğu ölçüsüne göre hareket etmeye başladığımızda, sonu bataklığa giden yokuş aşağı bir yola girmiş oluruz. Bunu hemen başka konular takip eder: "Bir bitkiden daha fazlası olamayacak, umutsuzca engelli doğmuş çocuklar ne olacak? Onları neden hayatta tutalım ki?"

Halihazırda, umutsuzca engelli doğmuş bebeklerini kasten beslemeyen ebeveynlerle ilgili California eyalet mahkemesinde görülen bir dava var (bebeği öylece ölüme terk etmişler). Ama engellilere bu şekilde davranmaya başladığımızda, sıra yaşlılara, zihinsel hastalığı olanlara vs. gelecek. Birbiri ardına hepsi insanlık adına silinip atılacak.

Kürtaj sorununun Hristiyanca cevabının bu olmadığını belirtmek isterim. Hristiyanca cevabın bu olmamasının tek nedeni kürtajın Tanrı tarafından yasaklanmış olması değil, aynı zamanda bunun arkasındaki yaklaşımın Hristiyanlığa tamamen aykırı olmasıdır. Hristiyanlar olarak zayıfları öylece silip atmayız. Hatta onları bir daha hiç görmeyeceğimiz ve ilgilenmeyeceğimiz bir kuruma da yollamayız.

İlk yüzyılda, Hristiyanlar'ın en dikkat çekici özelliği hastalarla ilgilenmeleriydi. Hastalara itina gösteriyorlardı. Onları silip atmıyorlardı. Eski dünyayı etkileyen şey buydu. Dünya Hristiyanlar'ın, verecek hiçbir şeyi olmayan (sadece engelleri olan) bu insanlarla ilgilenmelerini sağla-

9

yan nedeni anlayamıyordu. Ama ben, engelleri olan insanları silip atmanın güç değil, zayıflık olduğunu anlamaya başladım.

Engelli, aciz, hastalıklı ve zayıf insanlar ruhsal gücümüzün denenme araçlarıdır. Hem ABD'de hem de başka ülkelerde de artık bu çağın belirlediği ölçülere göre yaşayamayacağımız bir noktaya geldiğimiz çok açıktır.

Bir Hristiyan olarak ilk amacım, yaptığım her şeyde İsa Mesih'i hoşnut etmektir. İsa'yı hoşnut etmek için yaşamaya başladığımızda, bizi çevreleyen dünyadan tamamen farklı bir yaşam süreceğimiz kaçınılmazdır. Öğretiden öğretiye koşmak değil, İsa'yı hoşnut etmek bizi değiştirir.

BÖLÜM 2

KENDİMİZİ İNKÂR ETMEK

Romalılar'a yazdığı mektupta Pavlus'un ne dediğini hatırlayalım: "...kendimizi hoşnut etmeye borçlu değiliz..." (15:1). Neyi öğrendim biliyor musunuz? Tanrı için işe yarar ve makbul bir şey yapmayı her istediğimde, bunu yapmaya kendimi hoşnut etmeyerek başlıyorum. Bunun değişmez bir kural olduğunu keşfettim: Kendimi her hoşnut ettiğimde, Tanrı için değerli bir şey yapmıyorum demektir.

Yapmam gereken ilk şey kendimi inkâr etmektir. Daima hak iddia eden içimdeki benlik söylenip durur: "İstiyorum; özlüyorum; hissediyorum; düşünüyorum; eğer bana sorarsan; benim hoşuma giden bu..." Bunların hepsi inkâr edilmelidir. "Hayır!" demeliyim.

Kendinizi inkâr etmenin ne anlama geldiği bir sorun oluşturmamalıdır. Çünkü inkâr etmek, hayır demektir. Bu kadar basit. Tüm yapmanız gereken kendinize hayır demektir. Eğer kendinize hayır demiyor ve dememeye de devam ediyorsanız, Hristiyanca bir yaşam süremezsiniz. Hem kendini hoşnut eden, hem de Mesih'i hoşnut eden olamazsınız. Bu imkânsızdır.

İsa'nın Luka 9:23'teki sözleri şöyledir:

"Sonra hepsine, 'Ardımdan gelmek isteyen (herkes için geçerli evrensel kural) *kendini inkâr etsin, her gün çarmıhını yüklenip beni izlesin' dedi."*

İsa'yı takip etmeye karar verdiğinizde ilk yapmanız gereken şey nedir? İlk adım nedir? Evet, böyle biri için İsa *"ne yapsın"* diyor? *"Kendini inkâr etsin."* Bu kararı vermeden İsa'yı takip edemezsiniz.

İsa devam eder: *"Her gün çarmıhını alıp..."* Şu *"her gün"* lafına asla ısınamamıştım. Uzunca bir zaman Luka 9'daki bu ayetten uzak durdum, çünkü içinde *her gün* ifadesi geçmeyen benzer bir ayet biliyordum. *Her gün* ifadesi hariç, aynı sözlerin sarf edildiği bu ayet Matta 16:24'tür. O zamanlar hayatımdaki ilahiyat anlayışım ve öğretişim, tamamen doğru olan tek ve herkes için kurtaran çarmıh deneyimi üzerine kurulmuştu. Ama eski anlayışım çarmıhı yüklenmenin ne demek olduğunu tamamen kavrayamıyordu. Ve burada, Luka 9:23'te İsa bu kısa *her gün* vurgusuyla yüreklere dokunuyordu: *"Her gün çarmıhını yüklenip beni izlesin."* Doğan her yeni günün, her bir Hristiyan'a çarmıhını alıp yüklenmesi için bir fırsat sunduğuna inanıyorum. Bu fırsatı değerlendirirseniz zaferli bir gününüz olur. Bu fırsatı kaçırırsanız mağlup bir gününüz olur.

Peki sizin çarmıhınız nedir? Arkadaşım olan bir vaiz bunu şöyle ifade etti: "Çarmıhınız, iradenizin ve Tanrı'nın iradesinin kesiştiği yerdir." Çarmıhınız üzerinde ölebileceğiniz şeydir. Hayatınızı üzerine koyup vereceğiniz yerdir. İsa çarmıha gittiğinde şöyle dedi:

"Canımı kimse benden alamaz; ben onu kendiliğimden veririm. Onu vermeye de tekrar geri almaya da yetkim var" (Yuhanna 10:18).

Bu anlamda, canınızı kimse sizden alamaz. Eğer gönüllü olarak canınızı vermezseniz onun kontrolünde kalmaya devam edeceksiniz.

Sevgili kardeşim, çarmıhın karın değildir (eğer onun canını almaya ve geri vermeye gücün yoksa). Sevgili bayan, kocan da değildir. Ne de seçmediğin ve bir türlü iyileşemediğin hasta-

13

lığındır. Her birinizin çarmıhı, kendinizi hoşnut etmemeye karar verdiğiniz yerdir.

Geçen zaman içinde kendi hayatıma baktığımda, içimde cereyan eden savaşta doğru olan kararı her verdiğimde bir kutsamanın geldiğini size söyleyebilirim. Ancak o kutsama geldiğinde hizmet etmeye başlayabilirim. Kendimi hoşnut ettiğim sürece hizmet edemem. İçimdeki eski benliğin hiç kimseye verecek bir şeyi yok. Tanrı'nın hizmeti hayatımdan dışarı doğru akmadan önce, o benliğin icabına bakılması gerekir. Ve İsa hatırlatıyor: *"Bunu her gün yapmaya ihtiyacınız var"* (Bkz. Luka 9:23).

Gün içinde birçok kez Tanrı'nın ve bizim irademizin kesiştiği durumlarla karşılaşırız. Bu kesişmeleri Tanrı'nın bize verdiği fırsatlar olarak görmeliyiz (felaketler değil fırsatlar). Bu kitabı yazdığım için bana önümüzdeki günler içinde kullanabileceğim birçok fırsat verileceğine sizi temin ederim. Tanrı da Şeytan da bunu gözlüyor. Aslında, yazmaya başlamadan önce iki kez düşündüm. Çünkü çok iyi biliyorum ki, öğrettiğim şeylerle deneneceğim.

BÖLÜM 3

MESİH'İN RUHU

Her gün çarmıhınızı yüklenmek ve kendinizi inkâr etmek ilkesi, aklın doğal çalışma şekline terstir. İnsanın doğal düşünce yapısına tamamen zıttır. Bu bölümde, çok ilginç ve zihin açıcı olduğunu düşündüğüm iki ayet daha vereceğim.

Bağlamına bakmadan ve içeriğini araştırmadan size vereceğim ilk ayet 1. Korintliler 1:25'tir:

"Çünkü Tanrı'nın 'saçmalığı' insan bilgeliğinden daha üstün, Tanrı'nın 'zayıflığı' insan gücünden daha güçlüdür."

İşte size bir açmaz! Bizdeki her tür güçten daha güçlü olan ve Tanrı'dan gelen bir zayıflık var. Bizdeki her tür bilgelikten daha üstün olan ve Tanrı'dan gelen bir 'saçmalık' var. Tanrı'nın 'zayıflığının' ve 'saçmalığı'nın tam olarak ifadesini bulduğu bir şey vardı. Bu şey neydi? *Çarmıh!* Tanrı çarmıhın 'zayıflığı' ve 'saçmalığı'yla, bu dünyanın bütün güçlerine ve bilgeliğine karşı zafer kazandı. Tanrı'nın bizden, bu tür bir 'zayıflığı' ve 'saçmalı'ğı öğrenmemizi istediğine inanıyorum.

Kendi kişiliğimde güçlü olmak için asla çaba sarf etmedim. Üstelik Tanrı sahip olduğum gücü kutsadı ve kullandı. Ama kendi gücümle ve kişiliğimle ancak buraya kadar gelebileceğimi bana gösterdi. Dilersem orada durabilirim. Daha ileriye gitmeye zorlanmıyorum. Ama birçok yaşamın ve hizmetin bu noktada durduğunu gördüm.

Şimdi bu konuya değinen başka bir ayet olan Romalılar 8:9'a bakalım:

"Ne var ki, Tanrı'nın Ruhu içinizde yaşıyorsa, benliğin değil, Ruh'un denetimindesiniz. Ama içinde Mesih'in Ruhu olmayan kişi Mesih'in değildir."

Bu ayet ilginç bir yapıya sahiptir. Birbirinden farklı iki cümleden oluşur. Yazılı metni ayetlere bölmek konusunda sorumlu olsaydım, bu iki cümleyi farklı iki ayet olarak belirlerdim.

Şu anda olduğu şekliyle bu ayetin ilk kısmı *"Tanrı'nın Ruhu"* hakkında; ikinci kısmı ise *"Mesih'in Ruhu"* hakkında konuşuyor. Bu ikisi arasında bir farklılık olduğunu söylemeyi bir an için bile arzu etmem. Ama Tanrı'nın doğasını ifade etmeleri açısından farklı olduklarına inanıyorum.

Tüm Kutsal Kitap boyunca, "Tanrı'nın Ruhu" Kutsal Ruh olarak tanıtılmıştır. Tanrılığın üçüncü şahsının resmi unvanıdır: Ruh Tanrı, Baba ve Oğul'la eşit olan ve ilk şahısta Tanrı olarak konuşan. Örneğin, Elçilerin İşleri 13:2'de Kutsal Ruh Antakya'daki kilisenin liderlerine konuştu ve şöyle dedi: *"Barnaba'yla Saul'u, kendilerini çağırmış olduğum görev için bana ayırın."* Burada Tanrı'nın kendisini görüyoruz, Ruh Tanrı *Ben* öznesini kullanarak, birinci şahısta Tanrı olarak konuşuyor. Esas vurgulama güç ve yetki üzerindedir.

Diğer yandan "Mesih'in Ruhu", özellikle İsa Mesih'in yaşamında beliren Tanrı'nın ilahi doğasını ifade ediyor. İsa'nın doğasından ve kişiliğinden ayrılamaz. Pavlus'un bize dediğine göre, Tanrı'nın gerçek çocuklarını belirleyen bir ruhtur: *"İçinde Mesih'in Ruhu olmayan kişi Mesih'in değildir"* (Romalılar 8:9).

İnanıyorum ve aslında deneyimlerimden de biliyorum ki, dillerle konuşan, mucizeler işleyen Kutsal Ruh'ta vaftiz olmuş birçok kişide, Kutsal Ruh ya çok az görülüyor ya da hiç görülmüyor.

Bizleri Tanrı'ya ait kılan şey dillerle konuşmak, mucizeler işlemek ya da büyük vaazlar vermek değildir. *Mesih'in Ruhu'na sahip olmak*tır.

Mesih'in Ruhu'nun neye benzediğini kendime soracak olsam, cevabım şöyle bir şey olurdu: Yumuşak başlı bir ruhtur; alçakgönüllü bir ruhtur; kibar bir ruhtur. Kesinlikle kendini beğenmiş, dediğim dedik ve kendini hoşnut etmeye çalışan bir ruh değildir. Tanrı'nın gerçek çocuklarının bu şekilde ayırt edildiğine inanıyorum: Mesih'in Ruhu.

Mirasınızı istemek ve size ait olanı elde etmekle ilgili birçok öğreti duymuşunuzdur. Ben de bu konuda verdiğim birçok vaazda 3. Yuhanna 2. ayetini ve benzer ayetleri kullanmışımdır: *"Sevgili kardeşim, canın gönenç içinde olduğu gibi, her bakımdan sağlıklı ve gönenç içinde olman için dua ediyorum."* Tanrı'ya şükür, buna inanıyorum!

Ne var ki, hak iddia ederek Tanrı'nın gözünde gönenç bulamazsınız. İsa'nın Ruh'u kendi hakları için talepkâr olmaz. Gönencin, sağlığın, iç huzurunun ve sağlıklı bir ruh yapısının Mesih'teki yeni insanın hakkı olduğuna inanırım, ama bunlar çoğu zaman eski insan tarafından kendi bencil amaçları için istismar edilirler.

Bugün çevremdeki insanların birbirine "sadece hakkını ara kardeşim" dediğini duyduğumda içim ürperir. Bu sözleri duyduğumda, derinlerde kendi haklarını öne sürmeye çalışan kendini beğenmiş bir benliğin resmi zihnimde belirir. Size sormak isterim: Kaçınız gerçekten "sadece hakkını arayan" biriyle birlikte yaşamak ister? Hak iddia ettiğim her şeyde yasal olarak gerçekten haklı olsam bile, Mesih'teki mirasımı yasal olarak devamlı öne sürmekten usanırım.

Usandığım başka bir şey de, Hristiyanlar'a nasıl sağlıklı ve gönenç içinde olabileceklerini öğretmeye çalışmaktır. Hristiyanlar tabi ki sağlıklı ve refah içinde olmaya ihtiyaç duyarlar. Ama kardeşlerim, nasıl sağlıklı ve gönenç içinde olacağınızı öğrenmiş olsanız bile, ruhsal olarak ilkokuldan mezun olmuş sayılmazsınız. Gücünüz sahip olduğunuz veya gösterebildiğiniz şeyler değildir. Gücünüz, başkalarının zayıflıklarını yüklenebilme kapasitenizdir.

Evet, Mesih'in Ruh'u sahip olduğu tüm haklardan özgürce ve kendi isteğiyle vazgeçen bir ruhtur. Gerçekten, O'nun vazgeçme konusunda en mükemmel örnek olduğuna inanıyorum. Şeytan'la arasındaki farkı en belirgin olarak ortaya koyan kavram buydu. Filipililer 2:6 ayeti İsa hakkında şöyle der: *"Mesih, Tanrı özüne sahip olduğu halde, Tanrı'ya eşitliği sımsıkı sarılacak bir hak saymadı."*

Yaşamlarımızın bununla tamamen ve belirgin olarak çeliştiğini anlıyor musunuz? İsa Tanrı'yla eşit olma hakkına sahipti. Bu, O'nun ilahi hakkıyla sahip olduğu ilahi doğasıydı. Buna sımsıkı sarılmadı. Şeytan'a dönüşen Lusifer'in Tanrı'ya eşit olma hakkı yoktu. Ama bu hakka sımsıkı sarıldı ve düştü. Farklılığın can alıcı noktası, sımsıkı sarılmakla vazgeçmek arasındaydı. İddialarımızın, taleplerimizin, haklarımızı öne sürmemizin gerçekten ne kadarının Mesih'in Ruh'unun bir ifadesi olduğunu ve ne kadarının farklı kaynaklardan geldiğini düşündüğümde dehşete kapılırım.

Karizmatik hareketin bu mesele ile yüzleşmesi gerektiğine inanıyorum. Tanrı'ya ruhta ve gerçekte hizmet edenler ve etmeyenler arasında, doğru ve yanlış peygamberleri, doğru ve yanlış hizmetleri ayırt etmek zorunda kalacağız. Farklılığın can alıcı noktası mucizeler değildir.

Farklılığın belirtisi Mesih'in Ruhu'dur: *"Ama içinde Mesih'in Ruhu olmayan kişi Mesih'in değildir"* (Romalılar 8:9).

Karizmatik hareket hakkında neye inandığımı biliyor musunuz? İki dalga arasında bir geçiş dönemi olduğuna inanıyorum. Bir dalga giderken diğeri geliyor. İki dalga arasında bir dağınıklık olur değil mi? Bir çalkalanma, çok fazla kir ve çamurun neden olduğu bir bulanma, bir tür kafa karışıklığı, farklı yönlere gitmek isteyen iki güç. Karizmatik hareket işte budur! Tanrı'nın nihai amacı bu değildir. Bana inanın, düzenli, disiplinli ve Mesih'i onurlandıran başka bir şey gelmek üzere. Ve bu, alçak gönüllüğü, kardeşçe sevgiyi ve her imanlının başkalarına kendinden daha çok saygı duymasını geliştiren bir şey olacak.

Bana kalırsa, "Tanrı'nın imanlı ve güçlü adamı" dönemi geride kalıyor. Bunu, kendisini bu şekilde gören insanları eleştirmeden söylüyorum. Tanrı'nın farklı zamanlarda farklı şekillerde çalıştığının farkına varmamız gerekiyor. Tanrı sonsuza kadar aynı şeyi yapmaz. Bazı Hristiyanlar bunu kabul etmeye hazır değildir.

İşe yarayan bir başarı formülü bulurlar ve ölene kadar aynı şekilde devam ederler.

Elçilerin İşleri 17:30'da Pavlus'un Atinalılara dedikleri aklıma geldi. Onların yüzyıllar boyu süren putperestliklerinden bahsederken şöyle dedi: *"Tanrı, geçmiş dönemlerin bilgisizliğini görmezlikten geldi."* Görmezlikten gelmek kısa süreliğine gözlerinizi kapamak anlamına gelir. Yani, Tanrı kısa bir süre için kendi rızasıyla bu bilgisizliğe göz yumdu.

Birçok kişi kendini şöyle savunur: "Tanrı bu konuda bana on yıldır göz yumdu, öyleyse ben de bu şekilde davranmaya devam edeceğim." Hayır etmeyeceksin! Tanrı görmezlikten geldi, ama şimdi gözlerinin ikisini birden açtı. Doğrudan sana bakıyor ve diyor: "Değişsen iyi olur." Ve Tanrı "Değişsen iyi olur" dediğinde, tavsiyem: Değişin! Değişmezseniz, Tanrı'nın bu dersi anlamanızı sağlayacak başka yolları vardır.

BÖLÜM 4

VAZGEÇMEYE İSTEKLİ OLMAK

Şimdi 1. Krallar 3'den başlayarak bazı vazgeç-me örneklerine göz atmak istiyorum. Bu bölümün ilk yarısında Tanrı Süleyman'a rüya-sında görünür ve ona sorar: *"Sana ne vermemi istersin?"* (5. ayet). Birden Tanrı'nın "Şimdi ne istersin? Onu sana vereceğim" demesi başa çıkılması zor bir durumdur.

Hatırlayacaksınız, Süleyman uzun ömür, zenginlik, düşmanlarının ölümünü istemedi; bil-gelik istedi. Şöyle dedi*: "Bu yüzden bana öyle sezgi dolu bir yürek ver ki, iyi ile kötüyü ayırt edip halkını yönetebileyim. Başka türlü senin bu büyük halkını kim yönetebilir!"* (1. Krallar 3:9). Tanrı onun seçiminden memnun kaldı ve şöyle dedi:

"Madem kendin için uzun ömür, zenginlik ve düşmanlarının ölümünü istemedin, bunların ye-rine adil bir yönetim için bilgelik istedin; isteğini yerine getireceğim. Sana öyle bir bilgelik ve

sezgi dolu bir yürek vereceğim ki, benzeri ne senden öncekilerde görülmüştür, ne de senden sonrakilerde görülecektir. Sana istemediklerini de vereceğim: Yaşadığın sürece öbür kralların erişemeyeceği bir zenginlik ve onura ulaşacaksın" (11-13).

Bu olaydan kısa bir süre sonra, aynı evde yaşayan iki fahişenin hikâyesini görüyoruz. İkisi de yeni doğum yapmış ve bebekleriyle kendi yataklarında yatıyorlardı. Gecenin bir yarısı kadınlardan biri kendi bebeğinin üzerine yatarak onu öldürdüğünü anladığında, ölü bebeğini diğer kadının koynuna koyup onun bebeğini kendi yatağına aldı. Sabah olduğunda iki anne ve sadece bir bebek vardı. Bebeğin gerçek annesi de, bebeği ölen anne de canlı bebek üzerinde hak iddia ediyorlardı.

Dava Süleyman'ın huzuruna getirildi: İki anne ve bir bebek. Süleyman anlatılanları dinledi. Gerçek anne "bebek benimdir" diyordu. Diğer kadın "hayır o benim bebeğim" diyordu. Sonunda Süleyman şöyle dedi: "Yapacak tek bir şey var. Bana bir kılıç getirin." Kılıç geldikten sonra konuşmasına şöyle devam etti: "Yaşayan çocuğu ikiye bölüp yarısını birine, yarısını

24

öbürüne verin." Bebeğin gerçek annesi olmayan kadın hemen atıldı: "Doğru, bebeği ikiye bölün ve benim yarımı bana verin." Bebeğinin ölmesini istemeyen gerçek anne ise şunu söyledi: "Bebeği ona verin, o yaşasın." Süleyman böylece gerçek anneyi ayırt etti. Sonuç olarak, Süleyman'ın bilgeliği tüm İsrail'de duyuldu.

Ders çok basittir. Bebek gerçekten sizinse, onun öldüğünü görmektense, diğer kadının almasına izin verirsiniz. Gerçek deneme budur. Hristiyanca hizmetlerde çoğu kez, birisi kendi başlattığı bir hizmeti geliştirmeye çalışırken bir diğeri o hizmeti sahiplenir, hak iddia eder, sonuçta çekişme ve kavga olur. Otuz yıllık maziye baktığımda bu tür gelişmeleri şahısların isimleriyle ve olaylarıyla tek tek sayabilirim. Bunlar gerçek denenme zamanlarıdır. Çocuk eğer sizinse, onun ölmesini görmektense diğer kadının almasını tercih etmez misiniz?

Bu sınanmayla karşılaştığımız zamanlar vardır. Hizmetimi ve başarımı mı öne süreceğim; şöhretimi mi yaymak istiyorum? Ya da uğruna çalıştığım, başardığım, dua ettiğim her şeyi başka birisinin almasına izin vermeye hazır mıyım?

Bu sorunun cevabı kimi daha çok sevdiğinizde yatar: Kendinizi mi; bebeği mi?

Gelecek sefer böyle bir durumla karşılaştığınızda, sevginizin ne kadar gerçek olduğunu ölçebileceksiniz. Eğer elinizden kayıp gitmesine izin veriyorsanız, seviyorsunuz. Yarısında hak iddia ediyorsanız, sevmiyorsunuz.

Şimdi İbrahim'in Yaratılış 13. bölümde anlatılan hikâyesine bir göz atalım. İbrahim Tanrı'nın sözüne itaat ederek Kildaniler'in Ur kentinden yola çıktı. Ama itaati tam değildi. Bunu 12. bölümden anlıyoruz. Tanrı orada şöyle diyor:

"Rab Avram'a, 'Ülkeni, akrabalarını, baba evini bırak, sana göstereceğim ülkeye git' dedi" (1. ayet).

Ama İbrahim Tanrı'ya tam olarak itaat etmedi, çünkü yanına fazladan iki kişi aldı (babası ve yeğeni). Her ikisini de yanına almaya yetkisi yoktu. Babası yanında olduğu sürece, ancak yolun yarısına kadar gidebildi. Ur ve Kenan'ın ortasında bulunan Harran'a kadar gidebildi. Babası ölene kadar daha ileriye gidemedi.

Çoğumuz böyleyiz. Tanrı şöyle der: "Dışarı çık; her şeyi geride bırak; sana mirasını göstereceğim." Ama biz "babamızı" da yanımıza almak isteriz. Baba, gelecek vaat eden bir mesleki kariyer veya dolgun maaşlı bir iş, ya da bir mezhep üyeliği veya bir emeklilik projesi olabilir. Birçok şeyden biri olabilir. Her şekilde Tanrı şöyle der: "Babanı yanına alırsan yarı yola kadar gidebileceksin." İbrahim'in de durumu buydu. Babası yanında olduğu sürece Kenan'a giremedi. Elçilerin İşleri 7. bölümde, İstefanos Yahudi Yüksek Kurulu'nun önünde konuşurken bundan bahsediyordu (Bkz. 4. ayet).

Ama yine de İbrahim'in bir sorunu vardı (yeğeni Lut). Lut'un orada olmaması gerekiyordu.

Çok geçmeden İbrahim ve Lut zenginleştiler. Malları öylesine çoğaldı ki, beraber yan yana yaşayamaz oldular. Çobanları arasında devamlı kavga çıkıyordu. Daha sonra ne olduğunu Yaratılış kitabının 13. bölümünün 7. ayetinden başlayarak okuyalım:

"Avram'ın çobanlarıyla Lut'un çobanları arasında kavga çıktı. O günlerde Kenanlılar'la Perizliler de orada yaşıyorlardı. Avram Lut'a, 'Biz akrabayız' dedi, 'Bu yüzden aramızda da çobanlarımız arasında da kavga çıkmasın. Bütün

topraklar senin önünde. Gel, ayrılalım. Sen sola gidersen, ben sağa gideceğim. Sen sağa gidersen, ben sola gideceğim'" (Yaratılış 13:7-9).

İbrahim yaşça daha kıdemliydi, Tanrı'nın çağırmış olduğu kişiydi, miras ona aitti. Ama geri çekildi ve şöyle dedi: "Lut seçimini yap. Hangisini seçersen alabilirsin."

"Lut çevresine baktı. Şeria Ovası'nın tümü RAB'bin bahçesi gibi, Soar'a doğru giderken Mısır toprakları gibiydi. Her yerde bol su vardı. RAB Sodom ve Gomora kentlerini yok etmeden önce ova böyleydi. Lut kendine Şeria Ovası'nın tümünü seçerek doğuya doğru göçtü. Birbirlerinden ayrıldılar. Avram Kenan topraklarında kaldı. Lut ovadaki kentlerin arasına yerleşti, Sodom'a yakın bir yere çadır kurdu. Sodom halkı çok kötüydü. RAB'be karşı büyük günah işliyordu" (Yaratılış 13:10-13).

Lut İbrahim'den ayrıldıktan sonra ne olduğunu okumaya devam edelim:

"Lut Avram'dan ayrıldıktan sonra, RAB Avram'a, 'Bulunduğun yerden kuzeye, güneye, doğuya, batıya dikkatle bak' dedi. 'Gördüğün bütün toprakları sonsuza dek sana ve soyuna vereceğim'" (14 ve 15. ayetler).

Bu zaten İbrahim'in mirasıydı. Ama vazgeçmeye istekli olana kadar, Tanrı bunu İbrahim'e göstermedi.

Tanrı bizimle de bu şekilde ilgilenir. Sıkı sıkıya tutunup, "Bu benimdir; gitmesine izin vermeyeceğim" dediğiniz sürece, Tanrı'nın sizin için sakladığı şeyi göremeyeceksiniz. Mirası alan vazgeçme ruhudur (sıkıca sarılma ya da gasp etme ruhu değildir). "Bu bana ait ve bunu alamazsın; bunu Tanrı bana verdi" demeye devam ettiğiniz sürece, Tanrı'nın sizin için sakladığı şeye sahip olamayacaksınız. Vazgeçmek zorundasınız.

Eşim Lydia bana, 2. Dünya Savaşı sırasında Filistin'de meydana gelen bir olayı hatırlattı. Henüz evli değildik ve Lydia o zamanlar Kudüs'ün yaklaşık 16 km. kuzeyinde bulunan Ramallah kentindeki bir çocuk evinde kalıyordu. Hizmetinin büyük bir kısmı çocuklarla ilgili olmasına rağmen, şehirdeki Arap kadınları arasında ruhsal bir uyanış patlak verdi. Egemen Tanrı'nın işiydi, ama Tanrı eşimi bir araç olarak kullandı. Arap kadınları, kurtulmak, kötü ruhlardan özgürleşmek ve Kutsal Ruh'ta vaftiz olmak için akın akın eşime geliyorlardı. Ve tüm bunlar tek bir ziyarette gerçekleşiyordu. İş, Rab'bin lütfunun bir tanıklığı olarak gelişiyor ve büyüyordu.

Ama sonra, Kudüs'te yaşayan bir misyoner bu işin kendisine ait olduğunu iddia etti. Bir Arap işçi gelip bize şöyle dedi: "Bu iş bizimdir. Siz gelmeden önce bizim bu şehirde bir işçimiz vardı." İşin aslı, bahsi geçen işçi değer ifade eden bir şey başarmamıştı. Eşim ise bu kadınları anlamıştı, sevmişti onlar tarafından da sevilmişti. Tanıklığımın ağırlığını bu konuya veriyorum, çünkü 25 yıl sonra bu kadınların yaşadığı köye eşimle beraber gittiğimizde, eşimin geldiğini duyan kadınlar sokağa fırlayıp onu kucakladılar. Yirmi beş yıl sonra onu unutmamışlardı!

Her neyse, eşim bekâr bir kadın olarak bu iddiayla ve bir adamın gücüyle karşı karşıya kalmıştı. İbrahim'in dediğini dedi: "Tamam sen seç. Sola gitmeyi seçersen, ben sağa gideceğim." Ve diğer misyoner şöyle dedi: "Bu iş bizim, işi biz devralacağız."

Bunun üzerine eşim Arap kadınlara şöyle dedi: "Şu andan itibaren toplantılarımız sona ermiştir. Toplantılar artık şuralarda yapılacaktır. Mutlaka gidin katılın, sadık olun ve işi destekleyin." Bir ya da iki yıl sonra iş tamamen öldü.

Çünkü işi devralmak için gönderilen işçinin, Tanrı'dan gerçek bir çağrısı yoktu. Bu onun işi değildi. Ama eşim vazgeçerek kendi kişisel zaferini yaşamıştı.

O sıralar birkaç ay içinde Ortadoğu'da görevli bazı İngiliz ve Amerikalı askerler, Ramallah'taki o küçük evin yolunu bulmaya başladılar. Tanrı'yı arayarak ve Kutsal Ruh'ta vaftiz edilmek arzusuyla oraya geliyorlardı. Takip eden üç ya da dört yıl boyunca çok sayıda Amerikalı ve İngiliz görevli, o küçük çocuk evinde Tanrı'yı buldu ve Kutsal Ruh'ta vaftiz oldu.

Ben de o zamanlar Ortadoğu'daki İngiliz Ordusu'nda askerdim. Görev yerim, Afrika'nın neredeyse tam ortasında bulunan Sudan'daydı. Tanıştığım başka bir Hristiyan asker bir gün bana şöyle dedi: "Gerçek bir kutsanma istiyorsan, Kudüs'ün 16 km. kuzeyinde bir çocuk evi var, oraya gitmelisin!" İzin sıram gelir gelmez, iki haftalık iznimi aldım ve Nil boyunca yolculuk edip Kahire'ye, oradan da Kudüs'e geçtim. Sonunda o küçük çocuk evine vardım. Aldığım kutsama beklentilerimin çok üzerindeydi: Müstakbel eşim!

Ancak bu hikâyenin can alıcı noktası şudur: Ortadoğu'nun gelenek ve göreneklerine göre, o Arap kadınlar İngiliz ve Amerikalı askerlerin gittiği bir yere asla giremezlerdi. Eğer eşim Arap kadınlarla başlattığı işi bırakmasaydı, o askerler oraya asla gelmeyeceklerdi. Ama vazgeçersek, terfi ettirilirmiş. Ben de dahil oraya giden erkeklerin birçoğu, bugün dünyanın dört bir yanında Tanrı'ya hizmet ediyor. Aralarında misyonerler, pastörler vs. var. Bazıları Amerika'da, bazıları İngiltere'de ve bazıları da Güney Afrika'da hizmet ediyorlar.

Ders şudur: Bırakmaya istekli olmalısınız. Şunu diyebilirsiniz: "Bu haksızlık, bu mantıksızlık, bu adaletsizlik!" Ne olmuş yani? Ayarlayan Tanrı'dır. Kontrol O'ndadır. İman budur!

BÖLÜM 5

"ŞİMDİ OĞLUNU AL..."

Şimdi İbrahim'e geri dönelim. İmanın kemikleşmiş bir durum olmadığı, benim için çok açıktır. İman, bir kilise sırasında oturup "imanım var" demeye benzemez. İman, adımların birbirini takip ettiği bir yürüyüştür.

İbrahim'e tüm imanlıların babası denir, ama yalnızca onun iman adımlarıyla yürüdüğümüzde onun çocukları oluruz. Onun attığı adımları Romalılar 4'te bulabiliriz. İbrahim'in gelişen bir imanı vardı. Yaratılış kitabının 12. bölümünden 22. bölüme kadar gittiğinizde, İbrahim'in imanındaki çeşitli gelişmeleri göreceksiniz. 22. bölümde imanı zirveye ulaşır. Ancak 22. bölümde yaptığını 12. bölümde asla yapamazdı. İmanı o zirveye ulaştı, çünkü Tanrı ona her "yürü" dediğinde yürüdü. Tanrı'nın ona verdiği her denemeyi kabul etti. Böylece imanı gelişerek yapılandı.

Yakup şöyle der: *"Onun imanı eylemleriyle birlikte etkindi; imanı eylemleriyle tamamlandı"*

33

(Bkz. Yakup 2:22). İman bir armağan olarak alınır, ama itaatli adımlarla yürüyerek olgunlaşır.

Bununla beraber, İbrahim de bizler gibi bir insandı. O da hatalar yaptı. Tanrı ona mirasını devralacak bir çocuk vereceğini vaat etmişti. Ama bildiğiniz gibi bu vaat gecikti. On iki yıl sonra hala bir varis yoktu. Eşi Sara 78 yaşındaydı ve durumu ümitsiz görüyordu. Sonunda şöyle dedi: "Eğer bir çocuğumuz olacaksa, bir şeyler yapmamız lazım" (Bkz. Yaratılış 16:1-2). Tanrı'yla ilişkilerimizde sarf edebileceğimiz en berbat sözlerden biri şudur: "Bu konuda bir şeyler yapmamız lazım."

Neyse, İbrahim karısının tavsiyesine uydu (ki yanlıştı) ve Sara'nın cariyesi Hacer'den bir çocuğu oldu. Bunda ahlak dışı hiçbir şey yoktu. O günün ölçülerine göre, doğruydu ve ahlaki değerlere uygundu. Ama Tanrı'nın planı değildi. Çocuğun adı İsmail'di ve günümüzde Ortadoğu'daki Araplar arasında bol miktarda torunları bulunur.

Daha sonra Sara, Tanrı'nın gerçekten vaat ettiği çocuk olan İshak'ı doğurdu. Ve geçen şu dört bin yılda bu iki çocuğun (İshak ve İsmail) torunları arasında hep gerginlik oldu. Tarih daha açık bir ders veremezdi: Tanrı tarafından verilen mirasa dünyevi yöntemlerle sarılmak bir felakettir.

Bir vaizin bu konudaki başka bir yorumu da şöyleydi: "İnsanlığın kişisel çıkarının çocuğu bir İsmail'dir." Tanrı'ya yardım etmek için bir şeyler yapmanız gerektiğine karar verdiyseniz, Tanrı yardımcınız olsun!

Geçen yıl bir şeyler planlıyordum ve planlarımda epey bir yol kat ettim. Beraber hizmet ettiğimiz arkadaşımla bu konu üzerinde konuşurken ona şöyle dedim: "Sana gerçeği söyleyeyim mi? Sanırım bu işi yapmayacağım."

"Neden" diye sordu.

"Şey" dedim, "Korkarım bu iş bir İsmail olacak." Arkadaşım bu ifadeden bayağı etkilendi.

Bir süre sonra tekrar bir araya geldiğimizde arkadaşım bana sordu: "Sakıncası yoksa bilmek istiyorum, o işi yapmakla ilgili fikrini neden değiştirdin?

"Rab korkusundan" dedim. Ve bu cevabın onu tatmin ettiğini gördüm. Samimiyetle söylemeliyim ki, Rab korkusuyla yaşamaya çalışırım. Tanrı'yı üzecek, Tanrı'nın yoluna engel çıkaracak bir şey yapmayı asla istemem. Rab'le beraber tatlı bir şekilde yürümek isterim. Dolayısıyla, İsmail'imi hala içinde durduğu bekleme dosyasına koydum!

Benim açımdan temel ders şudur: İyi olduğunu düşündüğümüz şeyler, bize doğru gibi görünen şeyler ve doğru şeyi yapmak için verilen insani çabanın sonuçları, en büyük felaketlerdir. Tanrı bizi bunlardan korusun! Tanrı beni bunlardan korusun! Tanrı sizi bunlardan korusun! Tanrı hepimizi İsmailler doğurmaktan uzak tutsun, çünkü kardeşlerim ve kız kardeşlerim, hayatınızı bunun pişmanlığıyla yaşarsınız.

Tanrı'nın bizi tabi tuttuğu en büyük deneme nedir? Bunu *b* ile başlayan tek bir kelimeyle cevaplayabilirim: Beklemek! Evet beklemek! Tanrı size bir dağa tırmanmanızı söylediği zaman hemen tırmanmaya başlarsınız! Ama dağın eteğinde oturup beklemenizi söylediğinde, bunu yapamazsınız.

Herhalde Kutsal Kitap'taki en olgun karakter Musa'dır. Karakteri nasıl şekillendi? Çölde geçirdiği kırk yılla. Bu onu ne yaptı? Yeryüzündeki en alçak gönüllü adam. Musa haklarını öne sürmedi, geri çekildi ve şöyle dedi: "Başkası yapsın." Tüm samimiyetimle şunu söylediğimde kendimi güvende hissederim: "Bebeği başkası alsın." Öyle rahatlarım ki! Ama sinirliysem, gerginsem ve saldırgansam, felakete yelken açarım.

Şimdi Yaratılış 22'ye geri dönelim. Tanrı 2. ayette İbrahim'e şöyle dedi:

"Tanrı, 'İshak'ı, sevdiğin biricik oğlunu al, Moriya bölgesine git' dedi. 'Orada sana göstereceğim bir dağda oğlunu yakmalık sunu olarak sun.'"

İbrahim'in buna cevabı ne oldu? Bir sonraki ayette görüyoruz: *"İbrahim sabah erkenden kalktı, eşeğine palan vurdu"* (3. ayet).

İbrahim'le ilgili dikkat etmeniz gereken şeylerden biri şudur: İbrahim Tanrı'ya öylesine itaat etmedi, tam olarak itaat etti. Bu durum çok belirgindir. Bir şey yapması söylendiği zaman, ertesi sabah erkenden kalktı ve yaptı. Tanrı belki fikrini değiştirir diye öğlene kadar beklemedi. Tanrı İbrahim'e bu buyruğu verdiğinde, İbrahim sabah erken kalktı ve İshak'ı da yanına alıp Moriya Dağı'na doğru üç günlük bir yolculuğa çıktı.

Hikâyeyi biliyorsunuz. Dağa tırmandılar ve İshak şöyle dedi: *"Baba, ateşle odun burada, ama yakmalık sunu kuzusu nerede?"* (Bkz.

Yaratılış 22:7). Ve İbrahim'in cevabı: *"Oğlum, yakmalık sunu için kuzuyu Tanrı kendisi sağlayacak"* (8. ayet). İbraniler kitabının 11. bölümünde kitabın yazarı, İbrahim'in oğlunu sunmak için istekli olmasının nedeninin, iman olduğunu söylüyor: *"İbrahim Tanrı'nın ölüleri bile diriltebileceğini düşündü"* (İbraniler 11:19). Yaratılış kitabının 22. bölümünü dikkatle okursanız, İbraniler kitabının yazarının neden böyle dediğini anlayacaksınız. Çünkü dağın eteklerine geldiklerinde, İbrahim yanındaki uşaklarına şöyle dedi: *"Tapınmak için oğlumla birlikte oraya gidip döneceğiz"* (Bkz. Yaratılış 22:5). Tanrı'ya şükürler olsun! İbrahim, bıçağı oğluna saplasa bile onunla birlikte tekrar dağdan aşağı ineceklerine gerçekten inanıyordu. Tanrı'nın oğlunu tekrar hayata döndüreceğine güvenerek, Tanrı'nın vaat ettiği mirasın tek umudu olan mucize çocuğu gerçekten kurban etmeye hazır duruma gelmişti.

Bıçağını kaldırıp oğluna saplamak için hazır olduğunda, Tanrı'nın bir meleği göklerden ona seslendi ve onu durdurdu (Yaratılış 22:11). İbrahim gerçekten de Tanrı'nın alternatif bir kurban sağladığını keşfetti: Boynuzları sık çalılara takıl-

38

mış bir koç. Tanrı'ya, oğlunun yerine o koçu sundu. Bundan sonra Tanrı ona tekrar konuştu:

"RAB'bin meleği göklerden İbrahim'e ikinci kez seslendi: 'RAB diyor ki, kendi üzerime ant içiyorum. Bunu yaptığın için, biricik oğlunu esirgemediğin için seni fazlasıyla kutsayacağım; soyunu göklerin yıldızları, kıyıların kumu kadar çoğaltacağım. Soyun düşmanlarının kentlerini mülk edinecek'" (15-17).

Çok garip değil mi? İshak, Tanrı'nın İbrahim ve Sara'ya bir armağanıydı. Tanrı'nın mucizevi müdahalesi olmadan ona asla sahip olamazlardı. Doğaüstü bir şekilde doğdu. Ama Tanrı onlara verdiği bu biricik çocuğu, yakmalık sunu olarak geri istedi.

Moriya Dağı yolundaki İbrahim'in durumu zihnimi sıkça meşgul eder. Kendimi onun yerine koyarım ve o üç günlük yolculuk süresince nasıl bir mantık yürüttüğünü ve ne düşündüğünü hayal ederim. Ve İbrahim'in aklına gelen soruları tahmin edebilirim: Tanrı neden İshak'ı istedi? İshak'ı bize Tanrı vermedi mi? O vaat çocuğu değil mi? Tanrı'nın bize verdiği mirası alabilmemizin tek yolu bu çocuk değil mi? Her şeyden vazgeçmedik mi? Tanrı'yı takip etmedik mi? O'na itaat etmedik mi? Neden İshak'ı istesin ki?

Böyle düşündü veya söyledi mi bilmiyorum. Ama Tanrı'nın buyruğunu yerine getirmeye istekli olduğunda Tanrı konuştu ve ona şöyle dedi: "Tamam, şimdi yüreğini gördüm. Bundan sonra, seni daha önce hiç kutsanmadığın şekilde kutsayacağım ve soyunu gökteki yıldızlar gibi çoğaltacağım." İbrahim'in soyu neydi? İshak. Dersi anladınız mı? Eğer İshak'a sıkı sıkıya sarılmış olsaydı, İbrahim'in sahip olacağı tek şey İshak olacaktı. İshak'tan vazgeçtiğinde, hayal bile edemeyeceği kadar çok sayıda İshak'ı geri aldı.

Tanrı bize kendimiz için çok özel bir şey verdiğinde bunun hep tekrarlandığına tanık oldum. Tanrı'dandır. Değerlidir. Eşsizdir. Mucizevidir. Ama bir gün Tanrı şöyle diyecektir: "Onu istiyorum. Bana geri ver. Öldür onu. Onu sunağın üzerine yatır." Bu noktada, ya İbrahim'in ayak izlerini takip edeceksiniz, ya da Tanrı'nın kutsamasını kaçıracaksınız.

Rab'bin birçok hizmetkârının kendi İshak'larına tutunmak gibi acı bir hatayı yapıp, ellerinde sadece İshak'la kalakaldıklarını gördüğümü söylemek zorundayım. Tanrı'nın hizmetkârının en büyük denenmesi budur: Hizmetini sunağın üzerine yatırmaya istekli midir?

Geriye baktığımda, kendi hayatımdaki bu denenmeyle nasıl yüzleştiğimi görebiliyorum. Özgürleştirme hizmetinde nasıl derinleştiğim ve ülke çapında bu hizmetle nasıl tanındığım, pek çoğunuzun bildiği bir konudur. Pavlus'un sözleri bende yankılanır ve canavarlarla özgürleştirme gerçeği için savaştığımı söyleyebilirim (Bkz. 1. Korintliler 15:32). Fiziksel olarak savaştım, ruhsal olarak savaştım, dua ederek ve oruç tutarak savaştım.

Ama öyle bir zaman geldi ki, Tanrı benim yolumu, ülke çapında öğretme hizmetiyle tanınmış olan üç adamla birleştirdi. Tanrı kendi iradesi uyarınca, bizi birbirimize karşı bir adanma ve teslim olma ilişkisine çekti. Bu, egemen Tanrı'nın her birimizle ve hepimizle ilgili iradesiydi (bizim planladığımız ya da olmasını umduğumuz bir şey değildi; zaten ne olduğunu da o zaman anlamamıştık). Bu açıdan gerçekleşen şeyin İsmail'in değil, İshak'ın izlerini taşıdığını söyleyebilirim.

Çok geçmeden, kardeşlerime adanmışlığımın özgürleşme hizmetimi de kapsadığını anladım. Bu hizmeti onlara teslim etmeliydim. Yüreğimi titizce araştırdıktan sonra onlara şöyle dedim: "Kardeşlerim, eğer özgürleştirme hizmetimin Kutsal Kitap'a uygun olmadığını veya yanlış olduğunu düşünüyorsanız ve bu sizi gücendiriyorsa, artık bu hizmete devam etmeyeceğim." Bunun demenin bana hiçbir şeye mal olmadığını mı düşünüyorsunuz? Oldu!

Ama bugün bunu diyebilmekten kaynaklanan sonuçlar için Tanrı'ya şükrediyorum. Öncelikle, kardeşlerim benden özgürleşme hizmetimden vazgeçmemi asla istemediler. Aksine, beni destekleyip güçlendirdiler. İnsanlar tarafından saldırıya uğradığımda, çoğu zaman kendi itibarları pahasına yanımda oldular.

Tüm bunların ötesinde, ülke çapındaki özgürleştirme hizmetinde, kendi çabamla asla başaramayacağım bir şey oldu. Kendi İshak'ımı Tanrı'ya verdiğimde, onu gökteki yıldızlar gibi çoğalttı. Bugün, özgürleştirme hizmeti ülkenin neredeyse her bölgesinde kurumlaştı. Şu anda Amerika Birleşik Devletleri'nin herhangi bir yerine gidip özgürleştirme üzerine vaaz verebilirim ve işi yapacak yetişmiş, adanmış Tanrı adamları orada mevcuttur. Aslında, özgürleştirme hizmetini artık çok nadiren kendim gerçekleştiriyorum.

Tanrı, bu hizmeti uygulamaya istekli ve yetkin bir insan ordusu yetiştirdi. Ama inanın, 20 ya da 30 yıl önceki durum çok farklıydı! Şimdi geriye baktığımda, kendi İshak'ımı Tanrı'ya vermeye istekli olduğum ve Tanrı'nın onu çoğaltmasına izin verebildiğim için Tanrı'ya hamt ediyorum. Eğer kendi İshak'ıma tutunmuş olsaydım, bugün Mesih'in bedeninden ve Tanrı'nın amaçlarının rotasından tecrit edilmiş olarak, sadece kendi hizmetimle baş başa kalmış bir durumda kalmıştım.

Yuhanna 12:24'teki İsa'nın sözlerine kulak verelim:

"Size doğrusunu söyleyeyim, buğday tanesi toprağa düşüp ölmedikçe yalnız kalır. Ama ölürse çok ürün verir."

Bu ayeti hep Mesih'in ölümüyle ilişkilendirmişimdir ve şüphesiz öyledir. İsa bir buğday tanesiydi. Hayatını vermeye istekliydi. Toprağa düştü ve gömüldü. Ölümüyle, gömülmesiyle ve dirilmesiyle çok ürün verdi.

Ama son zamanlarda bu kitapta yazdıklarımla ilgili daha derin düşündükçe, kendimi ve imanlı arkadaşlarımı, Tanrı'nın verdiği küçük buğday tanesini ellerimizde tutarken görüyorum: Armağanlarımız, hizmetlerimiz, yeteneklerimiz, Tanrı tarafından verildiği için değerli olan şeyler.

Şöyle diyebilirsiniz: "Bu benim, bunu yapabilirim. Cinleri nasıl kovacağımı biliyorum. Hastalar için dua edebilirim. Bilgi sözleri armağanım var." Armağanları elinizde tutup orada olduklarını hissetmek ve "bunlar bana ait" demek çok hoş bir duygudur. Ama Tanrı şöyle der: "Onu eğer orada tutuyorsan tüm sahip olacağın şey odur (küçük bir buğday tanesi)." Üzerine adınızı koyabilirsiniz, etiketinizi koyabilirsiniz, size ait olduğunu iddia etmeye devam edebilirsiniz, ama asla daha fazlasını alamayacaksınız.

Peki çözüm nedir? Bırakın gitsin! Atın! "Yani hizmetim gitsin mi? Yeteneğim gitsin mi? Armağanım gitsin mi?" Evet, bırakın gitsin! Bırakın toprağa düşsün, gömülsün ve kaybolsun. Gözünüzden kaybolsun. Ondan sonra, artık ona sahip değilsiniz. Sizin yerinize artık Tanrı ondan sorumlu olacaktır. Ve Tanrı bol ürünün garantisini verdi.

Böyle bir duruma geldiğimize inanıyorum. Birçoğumuz şu seçenekle yüzleşecek: *Kendimi* mi yaymaya çalışıyorum? *Kendi* itibarımı mı sağlamlaştırmaya çalışıyorum? *Kendi* hizmetimi, *kendi* bölgemi, *kendi* kampımı, *kendi* gençlik merkezimi, *kendi* özgürleştirme merkezimi mi kurmaya çalışıyorum? *Benim* olduğu gerçeğiyle mi ilgiliyim? Ya da, haksızca denendiğimde ve sahipliğim tartışma konusu olduğunda, sahte anneye şunu demeye istekli olacak mıyım? "Bebeği sen al." Bebeği mi yoksa kendimi mi seviyorum?

Bunlar çok keskin sorulardır. Tanrı size her ne verdiyse, onları bırakmanızı isteyeceği bir zaman gelecektir. Bırakın. Bırakın yere düşsün. Gittiğine memnun olacaksınız! Hayatımda bazı şeyleri bıraktığım için ben de memnun oldum. Onları taşımaya devam etseydim, beni de kendileriyle birlikte toprağa çekeceklerdi.

BÖLÜM 6

EĞER BUĞDAY TANESİ...

Birçok vaiz çok meşguldür. Ben meşgulüm ama çok değil. Çok meşgul olmanın ruhsallık olmadığını biliyor muydunuz? Bu yoğunluk insanları etkileyebilir ama sağlıklı bir ruhsal yaşamı yansıtmaz. Tanrı sizi sadece bir kişi yaptı ve ne kadar çabalarsanız çabalayın, iki kişinin yapabileceği bir işi layıkıyla yapamazsınız.

Jamie Buckingham'ın, "önemli" olanı yapmak için "acil" olandan vazgeçme kararıyla ilgili yazdığı, kilise bülteninde yayınlanan kısa makalesini okudum. Vaizlerin birçoğu acil olana o kadar gömülmüşlerdir ki, önemli olana asla ulaşamazlar. Kutsal Kitap'ta bulunan en çok ihtiyacımız olan dualardan biri 90. Mezmur'dadır: *"Bu yüzden günlerimizi saymayı bize öğret ki, bilgelik kazanalım"* (12. ayet). Başka bir deyişle: "Zamanımı nasıl kullanacağımı öğret."

İsa'nın hayatına baktığımda, beni en çok etkileyen şeylerden biri budur. Asla telaşlanmadı. Asla acele etmedi. Asla çok meşgul olmadı. Aslına bakarsanız, kendimi vazgeçilmez kılmak benliğimin uzantısıdır. İnsanlar genellikle vazgeçilir olmayı gerçekten istemezler. Bana gelince, en büyük zaferim işin bensiz yapılabilmesidir. O zaman başardım demektir!

Bununla ilgili yaşanmış bir hikâye var. Çok kişisel olduğundan anlatırken dikkatli olmam gerekecek. Ama bu hikâyenin sonuçları hayatımda devam etmektedir. 1971 yılının Haziran ayında, hizmetkârlar arasında gerçekleştirilen bir ruhsal toplantıya katılmak için Seattle Washington'a gittim. Katılanlar arasında, Don Basham'ın yanı sıra, Bob Mumford, Charles Simpson, Larry Christenson, Ralph Wilerson, David DuPlessis, Dennis Bennet, Ern Baxter ve daha birçok ülke çapında karizmatik öğretmen bulunuyordu.

Toplantı yaklaşık beş gün sürdü. Her sabah ve öğleden sonraları dernekte bir araya geliyorduk ve bu başlı başına bir tecrübeydi. Bir buçuk gün cinler hakkında konuştuk. Suyla vaftiz olma konusu iki günümüzü aldı. Eğer bu iki engeli bertaraf ettiyseniz, ilerleme sağlamışsınızdır!

Ancak, Amerika'nın kuzeybatısında bulunan bu uzak mesafeye ülkenin her yerinden öğretmen getirtmek çok maliyetli bir işti ve öğretmenlerin bu amaçla para çekecekleri bir fon yoktu. Bu nedenle konferansı düzenleyenler şöyle dediler: "Mesih'teki kardeşlerimiz, size hiçbir şey için söz vermiyoruz, ama bilet paralarınızı toplamaya çalışacağız." Bu amaçla Seattle'ın içinde ve çevresinde, beş stratejik noktada haftanın her gecesi amme hizmeti düzenlediler. Her bir noktada iki ya da üç vaiz bulunuyordu. Ve her gece daha toplantılar başlamadan, insanlar oraları kapasitesinin üzerinde dolduruyorlardı. İnsanların bu konudaki duyarlılığı olağanüstüydü.

Ruhsal toplantı sona erdiğinde, Tanrı Kiliseleri Birliği'ne ait kiliselerden birinde sadece o hafta sonu hizmet etmek için Seattle'da kaldım. Böylece, bilet parası toplamak için yapılan toplantıları yerel hizmetkârların ağzından duyabilme fırsatım oldu. Daha önce Seattle'da bir dönem pastörlük yaptığımdan, o insanların çoğunu tanıyordum ve gerçek fikirlerini ifade ettiklerini biliyordum. Hepsinin ortak yorumu şuydu: "Hafızalarımızı zorladığımızda, Seattle'da gerçekleşen hiçbir toplantı, şehri bu toplantılar kadar derinden etkilememiştir." Ama işin komiği, insani açıdan bakıldığında bu toplantıların Seattle şehrini etkilemek için yapılmadığıydı. Bu toplantılar, davet edilen vaizlerin bilet paralarını karşılamak için düzenlenmişti. Gerçek bundan ibaretti!

Pazartesi sabahı kendimi, Seattle'dan bir sonraki toplantımın planlandığı Atlanta'ya giden bir uçağın içinde buldum. Derin düşünmek için en iyi yerlerden biri uçaktır. Telefonlar size ulaşamaz, insanlar sizi rahatsız etmez, arkanızı koltuğunuza dayar düşüncelerinizle baş başa kalırsınız. Koltuğumda otururken kendi kendime şöyle demeye başladım: "Bu çok tuhaf değil mi? Şehirde bir etki yaratmak için düzenlenmeyen toplantılar, sırf o amaç için düzenlenenlerden daha büyük etki yarattı."

O anda, Rab benimle açıkça konuşmaya başladı. Kulağımızın algılayabileceği gibi bir sesten ziyade, sakin ve anlaşılır bir şekilde bana şöyle dedi: "Şimdi Bana söyle bakayım. Yunus'la mı, yoksa Ninova şehriyle mi daha çok sorunum vardı?" Bir süre düşündükten sonra cevabım şuydu: "Rab, Yunus'la sorununu hallettiğinde Ninova'yla da bir sorunun kalmadı." Ve O şöyle dedi: "Vaizlerle sorunumu hallettiğimde, insanlarla sorunum kalmayacak!"

Bu hikâyeyi size anlatabilirim, çünkü ben de bir vaizim. Rab şöyle demedi: "Diğer vaizlerle sorunumu çözdüğümde." Ben de bahsettiği vaizlerin içindeydim ve bunun farkına vardım. Atlanta'ya vardıktan sonra, Rab benimle bu minvalde ilgilenmeye devam etti. Atlanta'daki toplantılarım bir otelde gerçekleşti. Her iki toplantı arasında otelde bir odada dinleniyordum ve zihnim neredeyse boşalıyordu. Zihnimiz çok faal değilse, Tanrı dikkatimizi daha kolay çeker. Orada öylece uzanıp yatarken, birçoğu yer ismi olan bir dizi sözcük zihnimi doldurdu. İsimler sanki bir kağıda yazılıp gözümün önüne konmuşçasına açık ve canlıydı.

İsimler şunlardı: "Kerit'ten Sarefat'a, Sarefat'tan Karmel'e, Karmel'den Horev'e ve Horev'den birçok yaşama." Bu sözcüklerin, İlyas'ın işlerini ve hizmetinde başarılı olduğu aşamaları özetlediğini hemen kavrayacak kadar Kutsal Kitap bilgim vardı: Kerit'ten Sarefat'a, Karmel'e, Horev'e.

Sonra boşlukları doldurmaya başladım ve İlyas'ın halkına yaptığı hizmetin zirveye ulaştığı yerin Karmel Dağı olduğunu açıkça gördüm (Bkz. 1. Krallar 18:19-40). Tüm İsrail halkı orada toplanmıştı. 850 sahte peygambere orada meydan okudu. Orada, gökten ateş indirdi ve tüm İsrailliler'in yere kapanıp şöyle bağırdığını duydu: *"RAB Tanrı'dır, RAB Tanrı'dır"* (39. ayet). Tek başına kişisel bir zafer kazanan bir adamdan bahsedeceksek, o adam Karmel Dağı'ndaki İlyas'tır.

Ama sonra o birkaç gün içinde Rab bana şunu da gösterdi. İlyas, büyücü bir kadın olan İzebel'den kaçıyor ve Tanrı'dan canını almasını istiyordu (Bkz. 1. Krallar 19:1-4). Karmel zaferi ne kadar kısa ve geçiciydi! Akabinde aklıma gelen düşünce şuydu: Tanrı eğer o noktada İlyas'ın isteğini yerine getirmiş olsaydı, İlyas başarısız bir hizmetkâr olarak görevini tamamlayamadan ölecekti. Ama Horev'e varıp Tanrı'yla yüz yüze geldiğinde ve Tanrı'nın planını duyduğunda, durum kendi planından çok farklıydı.

Tanrı şöyle dedi: *"İlyas burada ne yapıyorsun?"* (Bkz. 1. Krallar 19:9,13). İlyas şöyle cevapladı: *"RAB'be, Her Şeye Egemen Tanrı'ya büyük bir istekle kulluk ettim"* (10 ve 14. ayetler). Ve faaliyetlerinin ve başarılarının bir listesini sıraladı. Bu kadar lafın içinden Rab İlyas'a şöyle dedi: "Anlattıklarını biliyorum İlyas, ama

51

burada ne yapıyorsun?" İlyas tüm yaptıklarını anlatmayı bitirdikten sonra, Rab ondan yapmasını istediği sıradaki şeyi söyledi: "Şimdi üç adamı mesh etmeni istiyorum: Elişa'yı kendi yerine peygamber olarak, Hazael'i Suriye kralı olarak ve Yeşu'yu İsrail kralı olarak" (Bkz. 15 ve 16. ayetler).

Bu ayeti takip eden bölümleri 1. ve 2. Krallar'dan okursanız, Horev Dağı'nda Tanrı'nın İlyas'a görevini tamamlaması için yaptığı konuşmanın ürünü olan o üç adamı bulacaksınız. Sonunda İlyas kendisine verilen tüm görevleri yerine getirdi. İlyas işi tek başına bitiremezdi, ama işi başaracak adamları bulup, işi onlara devredebilirdi.

Tüm bunlar aklımdan geçerken, Tanrı'nın doğrudan bana konuştuğunun farkına vardım. Önümde duran iki seçeneği bana açıkça gösterdi. Bir yanda, Tanrı'nın bana verdiği iman ve güçle kendi işlerimi, kendi hizmetimi, ulaştırabileceğim en uç noktaya getirip, bir nevi kişisel zafer kazanmak vardı. Ama bu noktada, işi devam ettirecek birini bulmazsam, hizmetimin daimi ürünü olmaz.

Diğer yanda, Tanrı ikinci seçeneği de gösterdi: Kendin için hırslı olma; kendi hizmetini pazarlama; yaptığın iş sana ait olmasın; başkalarının yaşamına yatırım yap. Bırak övgüyü onlar alsın, bıraktığın yerden onlar devralsın. Bırak, onlar senden daha başarılı olsun.

Her anlamda başarılı bir insan olmuşumdur. Övünmek için söylemiyorum ama, on iki yaşımdan bu yana, sınıf başkanlığından lisenin en genç sözcülüğüne kadar hep parlak dönemlerim oldu ve hep bu şekilde devam etti. Başarılı olma beklentisi, benim için kökleşmiş bir düşünce tarzı haline dönüşmüştü. Ama Tanrı bana daha yüksek bir başarı standardını gösterdi. Elini aç, avucunun içindeki küçük buğday tanesi yere düşsün, ölsün ve geri kalanıyla Tanrı ilgilenecektir.

Muhtemelen çevremdeki en özgür insan olduğumu rahatlıkla söyleyebilirim. Çünkü elimdeki küçük buğday tanesini bıraktım ve gerisiyle Tanrı'nın ilgilenmesine izin verdim. Fazladan bir cin daha çıkarmamış olmam umurumda değil. Eğer Tanrı yapmamı istemediyse, neden umursayayım ki? Bir seminer daha düzenlememek ya da bir kitap daha yazamamak beni üzmüyor. Eğer Tanrı göz önünde olmamı istemiyorsa, sahip olduğumu işe yarayacak bir yere aktarmışsam hiç sorun değil. Sahip olduğumun miktarını dahi bilmem, bilmem de gerekmez. Ama neyim varsa bırakmaya istekliyim, elimden yere düşmesini istiyorum. Sonuç olarak, çok mutluyum. Gerçekten özgürüm. Özgür *davranmanın* ne olduğunu biliyorum; özgürlüğü *vaaz etmenin* ne olduğunu biliyorum; ama en iyisi özgür *olmaktır*. Bunu yazdığım için övünmeden ve Tanrı'nın önünde tüm samimiyetimle şunu söyleyebilirim: "Ben özgürüm!"

BÖLÜM 7

BIRAKMAK

Bitirmeden son bir şeyler daha yazmama izin verin. Son zamanlarda, Kutsal Kitap'ta değişik yerlerde kullanım şekliyle *gizli* kelimesi fazlaca dikkatimi çekti. Örneğin, 1. Korintliler 2:7'de Pavlus şöyle diyor: *"Tanrı'nın saklı bilgeliğinden gizemli biçimde söz ediyoruz."* Kutsal Kitap'ın İngilizce "The Revised Version" çevirisinde aynı ayet şöyle geçer: *"Tanrı'nın gizli ve saklı bilgeliğini bildiriyoruz."*[1] Yani, Tanrı'nın birçok insanın aklından saklanan gizli bir bilgeliği var. Kendi açımdan, bu sırrı elde etmek için derin bir arzuya sahibim; saklı bilgelik!

Mezmur 51:6'da Davut şöyle der: *"Madem sen gönülde sadakat istiyorsun, bilgelik öğret bana yüreğimin derinliklerinde."* Dikkatinizi "saklı yerdeki bilgelik" kavramına çekmek istiyorum. 1. Korintliler 2:7'de Pavlus Tanrı'nın

---

[1] Tarafımızdan Türkçeye çevrilmiştir.

bu bilgeliğinden, gizli bir yerde saklı olan bilgelik diye söz ediyordu.

Bunların içinden benim için özellikle dikkat çekici olanlar: Gizli yer, gizli bilgelik, gizli bilgidir. Ama bu sırrı çözmek için yüzleşmemiz gereken bir durum vardır. Bir şey gizliyse, saklıysa, gözden uzaksa ve o gizli yere girip gizli bilgeliği bulmak istiyorsak, kendimizi de gizlememiz gerekir. Aksi takdirde, kendi kişiliğimiz, kendi popülaritemiz, kendi benliğimiz yolumuzun üzerinde engeller oluşturacaklardır. Bunların hepsini, toprağa düşüp ölmeleri için bırakmalıyız.

Bir anlığına İsa'nın hayatını düşünün. İnsan olarak beden aldıktan sonra, otuz yıllık harika bir aile yaşantısı oldu. Sonra üç buçuk yıl hizmet etti ve iki bin yılı aşkındır aracılık ediyor! Hayatınızda böyle bir orantıya hazır mısınız? Gerçekten bir etkiniz olsun istiyor musunuz? Tanrı için dünyayı yönetenler aracılık yapanlardır ve çoğunun adlarını bile bilmeyiz. Geri çekilmeye hazır mısınız?

Dünyanın gözünde İsa insanlara en son nasıl göründü? Çarmıhın üzerindeydi. Sonra yeryüzünde tekrar nasıl göründü? Öğrencilerinin hizmetiyle. Toprağa düştü, öldü ve ürün verdi. Bunu yapmaya istekli misiniz? Bunu yapmaya istekli miyim? İshak'ınıza sıkı sıkıya sarılıp şöyle mi diyorsunuz? "Tanrım onu sen bana verdin. O benimdir." Ama Tanrı şöyle diyor: "Onu geri ver. Sunağın üzerine koy. Bıçağı eline al. Eğer onu, benim istediğim şekilde ve benim istediğim zamanda bana verirsen, uygun zamanda onu senin anlayış veya kavrayış kapasitenin çok ötesinde kutsayacağım ve çoğaltacağım."

Yıllar önce Rab'be, artık sadece dini konularla ilgili vaazlar vermeyeceğimi söyledim. Böylece, vaaz ettiğim gerçeği yaşayabilmeleri için insanlara bir fırsat verecektim. Vaaz ettiğim insanlara da, kitabımı okuyan insanlara da bunu borçlu olduğumu hissediyorum. Birçoğunuzun şöyle diyerek İshaklarınıza sarıldığınızı zannediyorum: "Bu benim, Tanrım. Bunu ben inşa ettim; kurucusu benim."

İshak'ınız gerçekten de sıkı sıkıya sarıldığınız yasal çocuğunuz olabilir. Tanrı şöyle diyor: "Bırakacak ve Benim almama izin verecek misin?" Belki de bir armağandır, bir hizmettir veya karşılaştığınız bir durumdur. Tanrı bu kitap aracılığıyla yüreğinize gerçekten konuştuysa, o zaman şimdi İshak'ınızı götürüp sunağın üzerine koyma fırsatınız var.

Kendi iradenizi öne sürdüğünüz ve Tanrı'nın size verdiği bir şey üzerinde hak iddia ettiğiniz için mutsuz, tedirgin ve gergin olabilirsiniz. İshak'ınız bir hizmet, bir armağan, karşılaştığınız bir durum veya bir kişi olabilir. Ama Tanrı Kutsal Ruhu'yla, o İshak'ı Kendisine bırakmanız için gerekli olan lütfu size verecektir. Onu Tanrı'ya teslim edin ve bu eyleminizin neden olacağı tüm sonuçlarıyla beraber Tanrı'ya güvenin.

Tanrı yüreğinize konuştuysa duayla secde edin. Sunakta Tanrı'nın önünde diz çökün ve İshak'ınızı O'na verin. O zaman benimle birlikte şöyle diyebileceksiniz: "Özgürüm! Gerçekten özgürüm!"

YAZAR HAKKINDA

Derek Prince (1915-2003) Hindistan'ın Bangalore eyaletinde, İngiliz ordusuna bağlı asker kökenli bir ailede doğdu. İngiltere'de Eton Lisesi ve Cambridge Üniversitesi'nde ve daha sonra İsrail'deki İbrani Üniversitesi'nde klasik diller (Yunanca, Latince, İbranice ve Aramice) konusunda araştırmacı olarak eğitim aldı. Öğrencilik yıllarında sıkı bir feslefeciydi ve kendini ateist olarak ilan etmişti. Cambridge'deki King's Lisesi'nde antik ve modern felsefe derslerini başlattı.

İkinci Dünya Savaşı sırasında, İngiliz Sıhhiye Kolordusu'ndayken, Prince bir felsefe çalışması olarak Kutsal Kitap okumaya başladı. İsa Mesih'le yaşadığı güçlü birlikteliğin dönüşümüyle, birkaç gün sonra Kutsal Ruh'la vaftiz oldu. Bu yaşam değiştiren tecrübenin tüm hayatına işlemesiyle kendini Kutsal Kitap çalışmaya ve öğretmeye adadı.

1945'te Kudüs'te ordudan ayrılıp oradaki çocuk evinin kurucusu olan Lydia Christensen'le evlendi. Evliliğinde, Lyda'nın evlat edinilmiş sekiz kız çocuğunun da (altısı Yahudi, biri Filistin'li Arap, biri de İngiliz) babası oldu. Ailece İsrail devletinin 1948'de yeniden doğuşunu gördüler. 1950'lerin sonunda Ken-

ya'daki bir lisede müdürlük yaparken, başka bir kız çocuğu daha evlat edindi.

Prince 1963 yılında Amerika Birleşik Devletleri'ne göç etti ve Seattle'da bir kilisede pastörlük yapmaya başladı. John F. Kennedy'nin katledilmesinin de etkisiyle Prince, Amerikalılara kendi ulusları için Tanrı'nın önünde nasıl aracılık etmeleri gerektiğini öğretmeye başladı. 1973'de Amerika İçin Dua Eden Aracılar'ın kurucularından biri oldu. Dua ve Oruçla Tarihi Şekillendirmek adlı kitabıyla dünyanın dört bir yanındaki Hristiyanlar'ı kendi hükümetleri için dua etme sorumluluğu konusunda uyandırdı. Birçoklarına göre bu kitabın el altından yapılan gizli çevirileri SSCB, Doğu Almanya ve Çekoslovakya'daki komünist rejimlerin yıkılmasında etkin bir rol oynadı.

Lydia Prince 1975'de öldü ve Derek 1978'de Ruth Baker'la (evlat edindiği üç çocuğa annelik yapan bekar bir kadın) evlendi. İlk eşine rastladığı Kudüs'te Rab'be hizmet ederken ikinci eşiyle tanıştı. 1981'den Ruth'un öldüğü 1998 Aralık ayına kadar Kudüs'te beraber yaşadılar.

2003 yılında 88 yaşındayken hayata gözlerini kapamasından birkaç yıl öncesine kadar Tanrı'nın onu çağırdığı hizmetlerde çalışmaya devam etti. Tanrı'nın açıkladığı gerçekleri duyurmak için dünyanın dört yanına seyahat etti, hastalar ve cinliler için dua etti ve Kutsal Kitap'ın ışığında dünyadaki

60

olaylarla ilgili peygamberliklerde bulundu. Yazdığı elliden fazla kitap, altmıştan fazla dile çevrilerek tüm dünyaya dağıtıldı. Nesilden nesle geçen lanetler, İsrail'in müjdesel önemi ve demonoloji (Şeytan bilimi) gibi çığır açan konulardaki öğretilere öncülük etti.

Uluslararası merkezi North Carolina Charlotte'da bulunan Derek Prince Hizmetleri, dünyaya yayılmış şubeleriyle öğretilerini yaymaya ve hizmetkârlar, kilise liderleri ve cemaatler için eğitim vermeye devam etmektedir. Başarılı Yaşamın Anahtarları (şimdilerde Derek Prince'in Mirası Radyosu diye anılıyor) adlı radyo programı 1979'da başladı ve bir düzineden fazla lisana tercüme edildi. Tahminlere göre Prince'in açık, mezhepsel olmayan Kutsal Kitap öğretileri dünyanın yarısından fazlasına ulaştı.

Dünyaca tanınan bir Kutsal Kitap araştırmacısı ve ruhsal bir lider olarak Derek Prince, altı kıtada yetmiş yıldan fazla öğretti ve hizmet verdi. 2002'de şöyle demişti: "Benim (ve inanıyorum ki Rab'bin de) isteğim, altmış yılı aşkın bir süredir Tanrı'nın benim aracılığımla başlattığı bu hizmetin yaptığı işe İsa dönene kadar devam etmesidir."

www.ingramcontent.com/pod-product-compliance
Lightning Source LLC
Chambersburg PA
CBHW060722030426
42337CB00017B/2970